MADAME GRÉGOIRE,

OU

LE CABARET DE LA POMME-DE-PIN,

CHANSON EN DEUX ACTES,

PAR

MM. ROCHEFORT, DUPEUTY ET CHARLES;

Représentée pour la première fois, à Paris, sur le théâtre national du Vaudeville, le 21 mai 1830.

DISTRIBUTION DE LA PIÈCE:

D'AUBERVAL, danseur de l'Opéra	M. Fontenay.
BELROSE, sergent du guet	M. Lafont.
D'ESPARVILLE, financier	M. Lepeintre jeune.
LUQUET, marchand verrier	M. Arnal.
BENOIT, falot de l'Opéra	M. Armand.
Mme GRÉGOIRE, cabaretière	Mme Doche.
FANCHETTE, auvergnate, et femme supposée de Benoît	Mlle Wilmen.
MANON GIROUX, blanchisseuse	Mme Lacaze.
GIROUX, son mari, batelier	M. Cassel.
MARIOTTE, servante	Mlle Georgina.
Un Caporal du Guet	M. Émilien.
Hommes, Femmes du peuple.	
Soldats.	

La scène est à Paris, en 1760.

ACTE PREMIER.

Le théâtre représente le jardin d'une guinguette ; des tables dans le fond, à droite et à gauche. Près de la coulisse de droite, une petite séparation en claire-voie, qui ferme à clef. Une maison à gauche.

SCÈNE I.

GIROUX, plusieurs Hommes du peuple boivent à des tables à droite; les Dragons de la Reine et des Gardes-Françaises boivent de l'autre côté; les Soldats jouent aux cartes.

CHOEUR GÉNÉRAL, A DEUX PARTIES.

Air du Temps.

Mes amis, pour bien servir l'amour,
Il faut boire ; (*ter.*)
Mes amis, pour bien servir l'amour,
Il faut boire la nuit et le jour.

GIROUX.

Gnia pas d'autre gloire
Que de bien boire.

(Il frappe sur la table.)

REPRISE.

TOUS.

Mes amis, pour bien servir l'amour, etc.

UN SOLDAT.

Moi qui suis sans chagrin,
J'aime la fillette et le vin.

(Frappant.) Une chopine !

TOUS.

Mes amis, pour bien servir l'amour, etc.

MARIOTTE, accourant, et sortant de la maison.

Queu bruit de carillon que vous faites !... Ici on n'a pas le temps de courir, on est toujours en l'air comme un volant!

TOUS.

A boire!

MARIOTTE.

Oui, à crédit? Si madame Grégoire n'avait que des pratiques comme vous, elle ne risquerait rien que de fermer son cabaret de *la Pomme-de-Pin*.

GIROUX.

Dis-donc, poulette, tu chantes ben haut aujourd'hui... Mais il nous faut du liquide!

TOUS.

Holà! la bourgeoise!

(Ils font du bruit.)

SCÈNE II.

LES MÊMES; BELROSE, entrant par le fond.

BELROSE.

Quel est de ce bruit et de ce tapage? Qui demande la bourgeoise?

MARIOTTE.

Pardine, c'est des ivrognes qui font leur train ordinaire.

BELROSE.

Mauvaise société, ça finira mal.

AIR : J'arrive de la guerre.

J' suis l' sergent intrépide
Du guet;
Ce corps n'est point timide,
On l' sait.

GIROUX.

Oui, quand un voleur vient par-là,
De l'autr' côté le guet s'en va,
Et voilà...

BELROSE.

Par amour pour la discipline, le sergent Belrose vous invite à vous liquider et à vous en aller!

GIROUX.

Et si ça ne nous plaît pas?

BELROSE.

Alors j'appellerai mon escouade, et on vous fera entrer dehors sans façon.

GIROUX.

Nous voulons voir la bourgeoise!

BELROSE.

La bourgeoise a de beaux yeux; mais ça ne vous regarde pas. J'ajouterai que si vous aviez le malheur de lui plaire, ça vous rapporterait plus de coups de sabre que de plaisir véritable... chers amis, que vous êtes!

GIROUX.

Ah! le sergent attend que je m'en aille! Eh! les autres! venez jouer au siam dans le fond du jardin, nous boirons jusqu'à ce soir si ça veut; et en avant!

CHOEUR.

AIR du vaudeville des Cris de Paris.

Allons, mes enfants,
En dépit des sergents,
Que l' vin coule,
Et que la boule
Roule
Là-bas;
Par en bas
La boule roulera,
Et par en haut tout le vin coulera.

(Les gens du peuple s'en vont à droite avec Mariotte; les militaires sortent par le fond.)

SCÈNE III.

BELROSE, et peu après Mme GRÉGOIRE.

BELROSE.

C'est étonnant comme les gens sans éducation manquent de tenue; il vient ici des tas de peuple qui font frémir à entendre... (Regardant.) Mais voilà un objet qui ne fait pas frémir à voir... c'est madame Grégoire!

MADAME GRÉGOIRE, sortant de chez elle, et saluant Belrose de la main.

AIR : C'est le gros Thomas.

Si j'ai du bonheur,
Mes bénéfices sont modiques;
Par ma bonne humeur
Je charme toutes mes pratiques.
Mon vin est bien pur,
Mon cœur est bien sûr;
Ici jamais rien de postiche.
J' prête au pauvre et j'emprunte au riche,
Et chacun voudrait
Boire à mon cabaret.

J' fais un peu de bien,
Même au médisant qui me fronde;
Si j'avais l' moyen,
J' voudrais en faire à tout le monde.
Ici l'indigent
Viendrait sans argent,
Et, trouvant du vin sans mélange,
Même quand manqu'rait la vendange,
Gratis il pourrait
Boire à mon cabaret.

BELROSE.

Avec ça que vous êtes toujours gaie, toujours superbe femme!

MADAME GRÉGOIRE.

Monsieur Belrose, vous me tourmentez chaque jour de vos compliments... je les écoute, parceque je ne risque rien; mais on m'a assuré que vous profitiez de ça pour vous vanter de me plaire?

BELROSE.

Eh bien! où serait l'offense?

MADAME GRÉGOIRE.

Ainsi vous allez dire à tous vos camarades que je vous aime à la folie?

BELROSE.

La plus belle des créatures, il y a la moitié de vrai dans ce que vous dites là. J'ai insinué que vous m'aimiez; mais je n'ai pas été jusqu'à la folie!

MADAME GRÉGOIRE.

Mais, monsieur, de pareils propos peuvent me faire beaucoup de tort.

BELROSE.

Du tort? oh! oh! ceci est une injure personnelle pour mon physique! ça m'étonne extrêmement; car je suis le plus beau des dix-sept enfants que ma mère se plut à mettre au monde! en outre je suis sergent du guet, j'ai huit sous par jour, et un héritage de dix-neuf cent livres, quant la mort aura frappé ma tante. J'ai pensé qu'avec tant d'opulence je pouvais aspirer à l'amour, et inopinément j'ai conclu avec moi-même qu'un de ces quatre matins je vous offrirais mon cœur avec ma main...

MADAME GRÉGOIRE.

Ah! vous avez arrangé ça tout seul?

BELROSE.

A la sourdine.

MADAME GRÉGOIRE.

Eh bien! monsieur Belrose, je vais vous répondre franchement. Vous êtes sans doute aimable, galant, brave et très capable de faire le bonheur d'une femme; mais j'ai bien résolu de ne pas me donner un maître, et de rester votre très humble servante.

BELROSE, *étonné.*

Bah! pourtant jusqu'à ce jour j'ai été fort heureux dans mes inclinations; partout où j'ai porté ma gloire avec le vainqueur de Mahon, j'ai trouvé de très belles Vénus qui se sont éprises de moi: j'en ai plus de cent dont je vous en montrerai les cheveux, si ça vous fait plaisir?

MADAME GRÉGOIRE.

Merci! je ne suis pas curieuse.

BELROSE.

Histoire seulement de vous certifier mes conquêtes: c'était la tactique du vainqueur de Mahon!

MADAME GRÉGOIRE.

Le vainqueur de Mahon et vous, ça fait deux!

BELROSE.

Oui, ça fait deux vainqueurs! Au surplus, vous avez beau dire, une veuve a besoin d'un protecteur comme le sceptre de vigne a besoin d'échalas.

MADAME GRÉGOIRE.

Je me protége toute seule; d'ailleurs, êtes-vous bien sûr que je sois veuve?

BELROSE.

C'est la rumeur populaire.

MADAME GRÉGOIRE.

Et si je ne l'étais pas?

BELROSE.

Vous me l'auriez dit.

MADAME GRÉGOIRE.

Du tout, car c'est mon secret; et c'est en le gardant que je me fais respecter.

BELROSE.

Tout ça n'est pas clair et limpide. Tenez, madame Grégoire, ça finira mal; vous recevez chez vous une ribambelle de freluquets...

MADAME GRÉGOIRE.

Comment, des freluquets?

BELROSE.

Oui, oui, le nommé d'Auberval, beau danseur de l'Opéra; le gros d'Esparville, cet avide maltotier de la rue Quincampoix; et même ce petit muguet de Luquet, le marchand de bouteilles de la rue de la Verrerie...

MADAME GRÉGOIRE.

Il est vrai, ce sont des pratiques qui dépensaient beaucoup d'argent chez moi autrefois, mais qui n'y viennent plus du tout.

SCÈNE IV.

LES MÊMES; LUQUET, *entrant avec aplomb, et s'arrêtant au milieu du théâtre.*

BELROSE.

Ah! ah! voyez-vous comme il ne revient pas. (*A part.*) Observons-le minutieusement.

LUQUET, *une grosse rose à la main.*

AIR: *C'est une ruse* (fragment de l'ouverture du JEUNE HENRI).

Reine des Graces,
Je viens à mon tour
Dans ta cour!
Et sur mes traces
J'amène aussi l'Amour!

BELROSE, *prenant la rose de Luquet.*

Voyez-vous!

LUQUET.

Mais c'est inconvenant, ça... Bien le bonjour, madame Grégoire; je viens d'après l'ordre de maman, vous savez, maman?

MADAME GRÉGOIRE.

N'est-ce pas pour un envoi de bouteilles?

LUQUET, *après avoir jeté un regard sur Belrose.*

Oui, elles sont là... (*A part.*) Dieu! qu'elle est belle femme!

BELROSE, *à part.*

V'là un coup d'œil louche. (*Haut.*) Ah! c'est de la part de votre respectable mère?...

LUQUET.

Certainement, je suis son premier commis, à maman.

BELROSE.

Est-il d'une bêtise invétérée avec sa maman.

LUQUET.

AIR: *J'avais mis mon petit chapeau.*

Nous avons des correspondants;
C'est moi qui tiens les écritures,
Et chez tous nos petits marchands
C'est moi qui porte les factures,
Et qui reçois le prix des fournitures.
Travaillant les jours et les nuits,
Je me consume dans les veilles;
Car nous fournissons des bouteilles (*bis.*)
A tous les bouchons de Paris.

Madame Grégoire, j'ai fait déposer la marchandise dans la petite cour.

MADAME GRÉGOIRE.

Bien, bien, je vais la faire ranger.

LUQUET.

Avez-vous besoin de moi?

MADAME GRÉGOIRE, rentrant.

Non, non, vous êtes trop maladroit.

LUQUET, la suivant.

J'irai avec vous à la cave.

SCÈNE V.

LUQUET, BELROSE.

BELROSE, lui prenant la main.

Du tout, petit... on ne va pas avec la bourgeoise dans les recoins obscurs.

LUQUET.

Qu'est-ce qu'il a donc, ce sergent? (A part.) Dieu! qu'elle est belle, de loin comme de près!

BELROSE, le tirant par le bras.

Marchand de verres cassés, retournez chez votre maman.

LUQUET.

Laissez-moi donc tranquille, je ne veux pas rire avec vous.

BELROSE.

Ni moi non plus; le guet ne rit jamais!

LUQUET.

Ah çà! dites donc! parceque vous êtes militaire, faut pas croire que vous me faites peur; sans maman, je serais soldat aussi, moi... je voulais m'engager.

BELROSE.

Ceci est différent, jeune homme, je ne vous en estime que d'autant plus. (A part.) Un plan! si je pouvais l'éminecer de ce séjour... Rusons! (Haut.) Fils de famille, je n'ignore pas les efforts que font les parents pour vous couper le chemin de la fortune; mais soyez plus sages que les papas et les mamans! Par exemple, est-ce que vous n'auriez jamais eu envie d'aller aux Colonies, vous?

LUQUET.

Aux Colonies?

BELROSE.

Oui... comme qui dirait Marie Galande, Martinicle, Guadeloupe, ou tout autre continent de l'Amérique Mérimionalde.

LUQUET.

Ma foi non. C'est donc bien beau, ces endroits-là?

BELROSE.

C'est le pays des dieux et de la castonnade!

LUQUET.

Bah!

BELROSE.

Je me suis dit en vous envisageant: « V'là z'un gaillard que je veux faire aller loin; » et comme on organise dans ce moment ici des bataillons colonials, si vous voulez, je vous recommanderai à un recruteur du quai de la Ferraille, qui se fera un vrai plaisir de vous mettre dedans.

LUQUET.

Dedans? comment l'entendez-vous?

BELROSE.

La question n'est point là... Aimez-vous les écus de trois livres?

LUQUET.

Tiens! cette bêtise!... je les aime d'autant plus que j'en ai moins.

BELROSE.

Alors... allez aux Colonies; il y en a comme des champignons dans la plaine des Vertus.

LUQUET.

Le pays produit des petits écus?

BELROSE.

Naturellement et sans culture. Autre question: Aimez-vous ce sexe enchanteur qui parsème de fleurs le chemin de la vie?

LUQUET.

Qui ça? les femmes? je les idolâtre!

BELROSE.

Allez aux Colonies!... Là bas, elles sont folles des Européens; les beaux et les pas beaux; ainsi vous êtes sûr de votre affaire.

LUQUET.

Diable! si je savais ça...

BELROSE.

Je le sais, moi, jeune homme. Tenez, un supposé: vous v'là embarqué avec Son Excellence... monseigneur le bailli de Suffren; vous voguez sur les ondes amères, vous êtes couché dans des z'hamacs, et pendant la traversée, on ne vous nourrit que de biscuits...

LUQUET.

Dieux! moi qui adore la pâtisserie!

BELROSE.

Silence! écoutez et n'interrompez plus mon dialogue: Vous arrivez dans ce pays fabuleux; alors, vous avez un nègre, un superbe esclave qui vous débarrasse de votre fusil en entrant, et monte la garde pour vous pendant que vous prenez du café dans du coco...

LUQUET.

Coco?

BELROSE.

Vous ne savez pas ce que c'est que du coco?

LUQUET.

Si, parbleu! Ah! ah! ils ont découvert la réglisse.

BELROSE.

Porcelaine à l'usage de ces contrées... Il y a aussi des superbes ombrages, une végétation qui fait honte à nos forêts; des perroquets qui raisonnent mieux que vous et moi.

LUQUET.

Et nous souffrons ça... mais c'est humiliant!

BELROSE.

Et des champs de canne à sucre qui vous fournissent de l'eau sucrée quand il pleut. Pour ce qui touche les diamants, saphirs et autres rubis, on en trouve à remuer à la pelle, et ça se vend au boisseau, comme des haricots. Quant au service, il consiste à ne rien faire; seulement, une fois par an, grande revue, dont il est impossible de se dispenser, à moins qu'on n'en ait obtenu la permission, et on ne la refuse jamais. Conclusion : Chaque serviteur de l'État a de droit trois magnifiques Africaines au teint d'ébène; et ceux qui sont bien sages, on leur z'y donne des négresses blanches les dimanches.

LUQUET.

Ah! par exemple! celle-là est trop forte!

BELROSE.

Eh bien! mon jeune camarade, qu'est-ce que vous dites de ça?

LUQUET.

Je dis que je me fais une demande : Pourquoi le sergent, qui aime aussi les diamants, l'eau sucrée et les négresses blanches, ne va-t-il pas les chercher lui-même au lieu de m'y envoyer?

BELROSE.

Ah çà! dis donc, mon petit bourgeois, est-ce que tu voudrais faire le malin avec le militaire, toi?

LUQUET.

Du tout, je vous demande la raison...

BELROSE, en colère.

Ah! tu me demandes raison!

LUQUET.

Je vous demande la raison pour laquelle...

BELROSE, le secouant.

Je te dis que je t'ai insulté et que tu exiges satisfaction. Allons sous l'Arche-Marion, je vais te découper en morceaux comme l'arlequin de la Comédie Italienne.

LUQUET, criant très fort.

Voulez-vous bien me lâcher!... Sergent, je vas crier!

SCÈNE VI.

LES MÊMES, Mme GRÉGOIRE.

MADAME GRÉGOIRE.

AIR du vaudeville de l'Écu de six francs.

Eh bien! quel est donc ce tapage?

BELROSE.

Il n'y a pas de quoi s'effrayer;
J' lui conseille un petit voyage...

MADAME GRÉGOIRE.

Mais, pour le faire ainsi crier,
Où voulez-vous donc l'envoyer?

LUQUET.

Qu'à jamais le ciel le confonde!
Délivrez-moi d' ce furieux,
Qui veut m' fair' partie de ces lieux
Pour m'envoyer dans l'autre monde

MADAME GRÉGOIRE.

Monsieur Belrose, je suis très mécontente de vous... En faisant des scènes comme ça, vous finirez par chasser toutes mes pratiques.

BELROSE.

C'est vrai que j'ai le naturel un peu tapageur.

MADAME GRÉGOIRE.

En ce cas, j'aime autant voir vos talons que votre visage.

BELROSE.

Si je ne me fais pas illusion, je comprends, par ces paroles, que vous m'accordez une permission de sortir... J'espère, jeune homme, que vous en profiterez avec moi.

LUQUET.

Un instant... J'ai quelque chose... une facture à remettre à madame Grégoire. (Bas, lui remettant le papier.) Belle cabaretière, je me flatte que vous serez contente de la qualité...

MADAME GRÉGOIRE, prenant le papier.

Tiens, comme il me regarde!

BELROSE.

Adieu, ravissante tigresse!

LUQUET, à part.

Je retourne chez maman... Attends-moi sous l'arche.

(Il se sauve à toutes jambes.)

SCÈNE VII.

Mme GRÉGOIRE, BELROSE, et peu après D'ESPARVILLE et D'AUBERVAL.

BELROSE.

J'espère que vous ne m'en voulez plus des sottises que vous m'avez proférées.

MADAME GRÉGOIRE.

Laissez-moi tranquille.

BELROSE, regardant.

Bon! vous allez me payer ça, mon petit jeune homme... Tiens, plus personne... (A part.) Au fait, bon débarras, me v'là maître du terrain, comme le vainqueur de Mahon.

D'ESPARVILLE, en dehors.

Madame Grégoire!... Où est madame Grégoire?

MADAME GRÉGOIRE.

Eh! c'est la voix du financier.... d'Esparville!...

BELROSE.

Allons! un de parti, un autre de revenu!

D'ESPARVILLE, entrant.

AIR du Menuet d'Exaudet.

Vrai Mondor,
Matador
De finance,
J'ai de l'esprit, de l'argent,
Et le prouve en faisant
Bombance.

Bonjour, bonjour, sirène de *la Pomme-de-Pin*.

D'AUBERVAL, du dehors.

Eh bien! personne ici... La fille!

D'ESPARVILLE.

Dieu me damne! je crois que c'est ce vaurien de D'Auberval.

BELROSE.

Le danseur de l'Opéra? Et de deux... Je bouillonne!

(D'Auberval entre du fond en dansant.)

MADAME GRÉGOIRE.

Toujours folâtre et sautillant, monsieur D'Auberval.

D'AUBERVAL.

Et vous, toujours éblouissante, mon Iris!

(Il serre la main à d'Esparville.)

BELROSE.

Son Iris! il est sans gêne, le Zéphir.

D'AUBERVAL, regardant Belrose.

Eh quoi? qu'est-ce que c'est que ça?

BELROSE.

Ça, c'est rien; c'est seulement le vainqueur de Mahon, qui vous cède le champ de bataille pour le moment; mais qui vous engage à ne pas vous attarder dans ces parages... sans ça, gare la patrouille! (Les saluant.) Au plaisir de ne jamais vous revoir.

(Il sort majestueusement.)

SCÈNE VIII.

LES MÊMES, excepté BELROSE.

D'ESPARVILLE, riant.

Ah! ah! ah!... Qu'a-t-il donc, ce bas-officier?...

D'AUBERVAL.

Le drôle est sans doute pris de vin.

MADAME GRÉGOIRE.

Ne faites pas attention.... c'est un original... Ah çà! messieurs, quel heureux hasard vous amène ici tous deux?

D'ESPARVILLE.

Ce n'est pas le hasard, c'est le plaisir... Ma femme est à la campagne, et je me suis dit: « Voilà le moment de m'amuser. »

D'AUBERVAL.

Ah! le mauvais sujet! Moi, je me suis arraché inhumainement des bras de toutes ces dames... elles voulaient me retenir... mais, en qualité de Zéphir, flic, flac, je m'envole, et me voilà.

D'ESPARVILLE.

On ne s'amuse qu'ici... *La Pomme-de-Pin!* Par la sambleu! c'est une enseigne qui mérite attention, quand on vous voit, madame Grégoire!

D'AUBERVAL.

Diable! il est galant, le financier!

D'ESPARVILLE.

Oui, depuis que j'ai acheté une savonnette à vilain, j'ai de l'esprit; je couvre mon jabot de tabac, je vais au cabaret, je m'encanaille: c'est très bon ton.

D'AUBERVAL.

Ma foi! vivent les jolies femmes et l'indépendance! On se voit, on se plaît, on s'adore, et le lendemain, flic, flac, une pirouette, et c'est fini.

MADAME GRÉGOIRE.

On dit cependant que vous devez épouser mademoiselle Dubois, cette jolie actrice de la Comédie Française?

D'AUBERVAL.

La petite Dubois, mon Hermione?... Le fait est que nous nous idolâtrons... Nous sommes en procès dans ce moment-ci.

AIR: Qu'est-qu' t'as donc, mon petit Hypolite.

Pour m'obtenir en mariage,
Voyez le bizarre projet!
De plaider elle a le courage,
Et veut m'enchaîner tout-à-fait,
Par un ordre du Châtelet.

MADAME GRÉGOIRE.

Pour un mari pareille esclandre!
Je concevrais qu'on pût plaider,
Si c'était pour ne pas le prendre,
Ou bien pour ne pas le garder.

D'AUBERVAL.

Bravo! méchante, voilà des principes!.. Comme ma belle plaideuse me cherche partout, je viens me cacher au cabaret, et je vous prie de me faire préparer pour minuit un souper succulent.

D'ESPARVILLE.

Tiens! je venais vous en commander un dans le même genre. (A part.) Pourvu qu'il ne se doute de rien.

D'AUBERVAL.

Est-ce qu'il viendrait aussi pour?... Oh! non, un gros gourmand comme lui, ça ne pense qu'à la table.

MADAME GRÉGOIRE.

Eh bien! qu'avez-vous donc tous les deux?

D'ESPARVILLE.

Oh! rien, rien: c'est que j'avais l'intention de ne pas souper seul.

D'AUBERVAL.

Absolument comme moi.

D'ESPARVILLE.

Et je voudrais confier à madame Grégoire...

D'AUBERVAL, s'éloignant.

A votre aise, mon cher; je suis votre valet... Flic! flac!

(D'Esparville parle bas à madame Grégoire.)

MADAME GRÉGOIRE.

Bah! vraiment!.... Monsieur d'Esparville, vous êtes bien bon. (Riant.) Ah! ah! ah!

D'ESPARVILLE, à part.

J'étais sûr qu'elle prendrait la chose gaiment. (Remontant la scène.) Il faut avouer que je suis un coquin bien heureux

D'AUBERVAL, bas à madame Grégoire.

Je parierais que d'Esparville vous a dit quelque lourde bêtise... Moi j'ai quelque chose de plus sérieux à vous demander.

(Il lui parle à l'oreille.)

MADAME GRÉGOIRE, à part.

Lui aussi!

D'AUBERVAL, à part.

Chut!... elle est émue!... Je produis le même effet sur toutes les femmes. (Haut.) Je vais passer là-dedans, écrire un mot à l'Opéra, pour prévenir que je ne serai pas de la fin du ballet, par indisposition.

D'ESPARVILLE.

Et moi, je vais à l'office, méditer le menu de mon souper : c'est de la plus haute importance.

ENSEMBLE, en sortant.

AIR :

Laissons
Aux salons
L'étiquette
Et la coquette;
Le plaisir parfait
N'est vraiment qu'au cabaret.

(Ils entrent dans la maison.)

SCÈNE IX.

Mme GRÉGOIRE, seule.

A-t-on jamais vu ça! me proposer de souper en tête-à-tête avec eux? ils ne sont pas gênés... Sous prétexte qu'ils paient, ils se figurent que le cabaret et la cabaretière, c'est tout un... Oh! ils ne savent pas à qui ils s'adressent.

AIR : Autrefois je pleurais (LE MARI ET L'AMANT).

Si chez moi je reçois,
Si je vois
A-la-fois,
Tour-à-tour,
Chaque jour,
Et la ville et la cour,
Riches, petits et grands,
Je prends
De tous les rangs,
Sans effort, sans façon,
Le langage et le ton. (*bis*.)
Qu'un galant talon-rouge,
Qui de chez moi ne bouge,
Souriant,
Sautillant,
Me dise : « Sur l'honneur,
Vous avez pris mon cœur,
Au voleur! au voleur! »

(Prenant un ton maniéré.) Moi, monsieur le marquis, lui dis-je en prenant un air dégagé ; on sait trop son monde pour se rendre coupable d'une pareille friponnerie.

Mais voilà que soudain
Vient un gai boute-en-train :
Son patois
Est grivois;
Il élève la voix :
« Votre vin est frelaté,
C' n'est pas comm' voir' beauté,
J'aim'rais mieux votr' minois. »
Tu r'pass'ras un' autre fois, (*bis*.)
Chez madame Grégoire
On ne vient que pour boire.
Eh! dis donc, mon garçon,
Que ta cloch' chang' de son,
Ou j' te donne une leçon.

Ah! c'est que j'ai le propos et la main leste ; je réponds aux compliments par des douceurs, et aux insolences par des gestes; tiens, voilà pour toi ; il faut être poli avec tout le monde.

Car chez moi, etc.

SCÈNE X.

Mme GRÉGOIRE; BENOIT, FANCHETTE, entrant en disputant.

FANCHETTE.

Je te dis que tu n'entreras pas.

BENOIT.

Tant pis, j'ai soif, et je suis un honnête homme.

MADAME GRÉGOIRE.

Ah! c'est encore cet ivrogne de Benoit, le falot de l'Opéra, qui boit jusqu'au dernier sou.

BENOIT.

Je suis un honnête homme, je veux à boire.

MADAME GRÉGOIRE.

Du tout, tu en as assez pour aujourd'hui.

FANCHETTE.

Ma chère dame, vous êtes bien bonne ; et vous cheriez encore plus meilleure, si vous mettiez mon homme à la porte.

MADAME GRÉGOIRE.

Votre homme? comment vous êtes... Je savais bien qu'il avait pour femme une auvergnate ; mais elle ne vous ressemblait pas.

FANCHETTE. Elle paraît d'abord embarrassée, et répond vivement.

Oh! je m'en vas vous dire... c'hest que je chuis sa seconde... le schélérat a fait mourir la première de chagrin.

BENOIT, attendri.

C'est la pure vérité!... ma pauvre première! va!... A boire!

MADAME GRÉGOIRE.

Non... V'là pourtant comme ils sont tous.

FANCHETTE.

C'hest un mange-tout, un panier percé, qui me mettra chur la paille.

MADAME GRÉGOIRE.

Allons, voyons, il ne faut pas pleurer; je vous promets que s'il remet les pieds ici, c'est à moi qu'il aura affaire.

BENOIT.

Ah! je vois ce que c'est, vous me refusez des rafraichissements, parceque je redois d'hier onze sous six deniers... Tenez, vlà un petit écu : payez-vous, et rayez-moi de dessus l'ardoise.

MADAME GRÉGOIRE.

Comment tu as de l'argent... par quel hasard ?

BENOIT.

C'est pas l'hasard ; c'est mademoiselle Dubois de la Comédie Française...

FANCHETTE, l'interrompant vivement.

C'hest cha... trois livres dans sa poche, et pas un liard à la maison.

MADAME GRÉGOIRE, brusquement.

Eh bien ! donne ! on va te rendre.

BENOIT, tendant la main.

Ma monnaie.

MADAME GRÉGOIRE.

Tenez, ma pauvre femme, la voilà.

BENOIT.

Du tout, je n'entends pas ces comptes-là, moi !

FANCHETTE.

Ah ! mon Dieu !.. vous vous cherez trompée, madame Grégoire ; il vous donne un petit écu, et vous m'en remettez deux.

MADAME GRÉGOIRE.

Je ne me trompe jamais ; vous avez votre compte.

FANCHETTE.

Mais je vous assure...

MADAME GRÉGOIRE.

Silence, ne dites rien à ce vaurien-là... Toi, tu vas me faire le plaisir de décamper, et plus vite que ça.

BENOIT.

Ne vous fâchez pas, on s'en va ; mais ce soir mon épouse me le paiera.

FANCHETTE, à Benoit qui est passé près d'elle.

Oui, comme dimanche paché. (Changeant de voix.) Tiens, prends tout, et laisse-nous maintenant.

(Madame Grégoire le met à la porte.)

BENOIT, en s'en allant.

Tu me le paieras, mon épouse ; tu me le paieras plus cher qu'un écu.

(Il sort.)

SCÈNE XI.

Mme GRÉGOIRE, FANCHETTE.

MADAME GRÉGOIRE.

Mariez-vous donc après ça... ah ! ben oui, les hommes... j'ai bien fait de ne vouloir jamais en prendre un... D'abord tous ces beaux messieurs qui viennent ici me faire la cour, disparaitraient si j'étais mariée. Si j'étais veuve, ils se jetteraient à mes pieds, et il faudrait me décider... Je trouve plus de bénéfice à les laisser dans le doute.... (Apercevant Fanchette, qui est restée timidement dans le fond.) Eh bien ! qu'est-ce que vous faites là, vous ?

FANCHETTE.

Ah ! c'hest que, voyez-vous, madame Grégoire, après che que mon homme il m'a promis, je n'ose plus retourna à la maison ; il me battrait, et je me souviens encore de dimanche.

MADAME GRÉGOIRE.

Mais, ma bonne, qu'est-ce que vous voulez que j'y fasse ?

FANCHETTE.

Vous qui avez toujours besoin de quelqu'un... chi vous vouliez me garda, pour la nourriture seulement ?

MADAME GRÉGOIRE.

Vous garda, vous garda ! Mais qu'est-ce que vous savez faire ?

FANCHETTE.

Dam' ! pas grand' chose ; mais je sais lire et écrire.

MADAME GRÉGOIRE.

Allons, c'est bien, je ne veux pas que votre mari vous batte... Restez.. vous m'aiderez, vous ferez ce que vous pourrez.

FANCHETTE.

Ah ! madame, que vous j'êtes donc bonne !

MADAME GRÉGOIRE, lui remettant le papier de Luquet.

Non, je ne suis pas bonne. Mais voyons, pour commencer, tenez, additionnez cette facture-là, et voyez si le compte est juste.

FANCHETTE, s'asseyant.

Oui, madame, tout de chuite. (A part, quittant l'accent auvergnat.) Bon ! me voilà installée dans la maison, et je verrai bien si ce qu'on m'a dit est vrai.

(Elle s'occupe à compter.)

MADAME GRÉGOIRE, à part, regardant Fanchette.

Cette pauvre femme ! si je pouvais trouver moyen de lui faire une petite fortune... Eh ! mais j'y pense... quelle idée ! ces deux beaux messieurs qui m'ont proposé tout-à-l'heure... Oh ! ce serait charmant ! justement les loteries sont à la mode !

FANCHETTE, riant.

Ah ! ah ! ah !

MADAME GRÉGOIRE.

Qu'avez-vous donc ?

FANCHETTE.

Mais, madame, che n'est pas une facture, cha... c'hest une déclaration d'amour, et bien drôle encore.

MADAME GRÉGOIRE.

Vraiment ? Voyons donc.

(Lisant.)

Énigme amoureuse et en vers.

Je ne sais pas comment, je ne sais pas pourquoi
J'adore une bergère

Qui ne s'en doute guère;
Je ne sais pas comment,
Je ne sais pas pourquoi;
Mais je sais seulement
Que pour je ne sais qui je sens je ne sais quoi.

Signé Luquet, fabricant, rue de la Verrerie.

Qu'est-ce que ça veut dire?... ah!... *Post-scriptum.* « En attendant l'honneur de la vôtre, je « voudrais souper ce soir chez vous, en tête- « à-tête, pour vous dire le mot de l'énigme. » (A part.) Comment, et lui aussi?... ce petit nigaud!... Eh bien! tant mieux, au fait; il sera traité comme les autres. (Haut.) Ma brave femme, passez dans ma chambre, et attendez-moi... D'ici à demain, vous serez peut-être plus riche que vous ne croyez.

FANCHETTE.

Plait-il, madame?

MADAME GRÉGOIRE.

Allez, allez, je n'ai pas de temps à perdre.

FANCHETTE, à part, en sortant.

Que veut-elle dire? Ayons les yeux sur cette femme et sur lui. (Haut.) Je vous chalue, madame Grégoire.

(Elle sort.)

SCÈNE XII.

Mme GRÉGOIRE, puis LUQUET.

MADAME GRÉGOIRE.

En vérité, on n'a pas d'idée de ça... On dirait qu'ils se sont tous donné le mot aujourd'hui... C'est drôle, une déclaration... ça vous offense... ça vous met en colère, et cependant ça fait plaisir.

LUQUET, qui est entré au milieu de ce qui précède.

Je viens chercher la réponse au *post-scriptum.*

MADAME GRÉGOIRE, feignant d'être émue.

Ah!

LUQUET.

Ne cherchez pas à cacher mon poulet... vous l'avez lu, ce poulet que l'amour vous a présenté sous la forme d'une facture... c'est vous dire que mon ardeur voudrait être payée comptant, ou tout au plus à vingt-quatre heures de date, belle cabaretière!

MADAME GRÉGOIRE.

Vous êtes pressant, monsieur Luquet.

LUQUET.

Nous sommes tous comme ça dans la rue de la Verrerie.

MADAME GRÉGOIRE.

Vous me demandez un rendez-vous, un tête-à-tête?

LUQUET.

Oui, si ça vous est égal...

MADAME GRÉGOIRE, baissant les yeux.

Si ça m'était égal, ça n'aurait pas grand prix.

LUQUET.

Dieu! ça ne vous est pas égal... ni à moi non plus, parole d'honneur!

MADAME GRÉGOIRE.

Chut! ne parlons plus de ça, on pourrait nous entendre... Dans ce moment-ci, la maison est pleine de monde; mais à l'heure du souper, un peu avant minuit...

LUQUET.

Il n'y aura plus personne... Je vous comprends, divine détaillante... Dieu de Dieu! vais-je être heureux! le vais-je être... Me voilà lancé... j'ai fait une conquête! O maman!

(A madame Grégoire, qui lui fait signe de se taire.)

MORCEAU D'ENSEMBLE.

Air de M. Doche.

Aussi vrai que vous ét's belle femme,
Aussi vrai que j' suis beau garçon,
J' réponds d' renfermer dans mon ame
Mon sentiment et ma passion.

MADAME GRÉGOIRE.

Mais on vient, le plus grand mystère,
Sur tout cela taisez-vous bien...

LUQUET.

Soyez tranquille; ici, j'espère
Qu'on ne pourra s' douter de rien.
(Remontant la scène.)
Tenez, je n' fais semblant de rien;
Regardez, je n'ai l'air de rien.

SCÈNE XIII.

Les Mêmes, D'ESPARVILLE, puis D'AUBERVAL.

SUITE DU MORCEAU D'ENSEMBLE.

D'ESPARVILLE, bas à madame Grégoire.

Avez-vous réfléchi, ma chère?

MADAME GRÉGOIRE, de même.

Ce soir, à minuit!

(Elle lui fait signe que D'Auberval vient d'entrer. — Il s'éloigne en se rengorgeant.)

D'AUBERVAL, bas à madame Grégoire.

Ensemble irons-nous à Cythère?

MADAME GRÉGOIRE, de même.

Ce soir, après minuit...
Sur-tout soyez discret,
Gardez bien le secret. (*bis.*)

TOUS, à part.

Du mystère!
Du mystère!
Je suis sûr de lui plaire!
Je réponds du succès,
Et je la tiens dans mes filets!

MADAME GRÉGOIRE.

Du mystère!
Du mystère!
Je les tiens, je l'espère!
Je réponds du succès...
Ils tomberont dans mes filets!

D'ESPARVILLE, saluant.

Madame Grégoire, je suis votre valet...

D'AUBERVAL.

Le diable m'emporte si je ne suis pas tout votre!...

LUQUET, bas à madame Grégoire.

A minuit... il fera clair de lune, et Phébé guidera Cupidon! (Du bruit en dehors.) Oh! la! la! qu'est-ce que c'est que ça?

(Ils reviennent tous trois.)

SCÈNE XIV.

LES MÊMES: FEMMES DU PEUPLE, entrant par le fond, en se disputant.

CHOEUR.

AIR: C'est la rage.

Du tapage, (*bis.*)
On trouble notre ménage.
Du tapage, (*bis*)
Ou rendez-nous nos époux

MANON GIROUX, à madame Grégoire.

Rends-nous nos homm's, ou gare une querelle,
Ils n' sont ici qu' pour lorgner tes appas.

MADAME GRÉGOIRE.

Au cabaret s'ils vienn'nt pour ça, ma belle,
C'est que chez eux sans doute ils n'en trouv'nt pas.

SCÈNE XV.

LES MÊMES; GIROUX, et TOUS LES AUTRES HOMMES DU PEUPLE, venant du jardin.

REPRISE DU CHOEUR.

ENSEMBLE.

LES HOMMES.

Quelle rage,
Quel tapage
Trouble ici le voisinage?
Quel tapage! (*bis.*)
Apaisons tous
Leur courroux.

LES FEMMES.

Du tapage! (*bis.*)

D'AUBERVAL, D'ESPARVILLE, LUQUET.

Quel tapage! (*bis*)
Ici l'hymen fait ravage.
Quelle rage! (*bis.*)
Auprès d'ell' tenons-nous
Tous.

MADAME GRÉGOIRE.

Ah çà! après tout, à qui en avez-vous, mesdames?

GIROUX.

Oui, c'est vrai, quoique vous avez, z'harpies?

MANON GIROUX.

Tais-toi, sans cœur et sans foi! laisse parler ton épouse. A nous deux, la belle Grégoire! je vas te dégoiser ton histoire... Dans ta conduite gnia du louche, ma petite Sainte-Nitouche! tu ne veux pas te marier, et t'as chez toi la moitié de tous les hommes du quartier!

MADAME GRÉGOIRE.

Vos hommes! on se moque bien d'eux!

MANON GIROUX.

Laisse donc, péronnelle! c'est toi qui les ensorcelle, avec ta prunelle et ta dentelle, Pompadour du faubourg!

MADAME GRÉGOIRE.

Vous m'impatientez, à la fin; voilà de jolis magots pour qu'on vous les enlève!

GIROUX.

Magots!...

MANON GIROUX.

Tiens, madame Mijaurée, qui fait sa sucrée parcequ'elle est bien parée! dirait-on pas que c'est grand' chose que sa buvette! attends que je lui taille une bavette, à cette marchande de piquette!

D'AUBERVAL, vivement.

Ah çà! ma chère, vous êtes bien osée!...

MADAME GRÉGOIRE.

Ne vous en mêlez pas, monsieur d'Auberval: puisqu'elle le prend sur ce ton-là, je vais lui répondre de même. (Mettant le poing sur la hanche.) Ah çà! crois-tu, ma commère, que je ne me souviens plus d'être la fille de ma mère, et qu'une harangère me fera taire? A-t-on jamais vu ça? une marchande de ratafiat me reprocher mon état!... c'est parceque tu bois sec que t'as si bon bec!... c'est le jus de raisin qui te fait un si bon teint; retourne à ta boutique avec toute ta clique; je ne veux pas de pratique de ta fabrique, madame Rustique!

D'ESPARVILLE.

Bravo! bravo! par la sambleu! je ne vous connaissais pas ce talent-là!

MANON GIROUX.

Ah! tu m'appelles madame Rustique? prends garde à ton physique. (Elle fait un mouvement.) Ne me retiens pas, Giroux, je suis en courroux; je veux lui donner un à-tout.

D'AUBERVAL.

Allons, financier, flamberge au vent; et chassons d'ici toute cette canaille.

GIROUX.

Canaille! nous allons voir qu'est-ce qu'en est. (Ils se menacent.) Arrive donc, avec ta brette!

LUQUET.

V'là la garde du poste voisin.

MADAME GRÉGOIRE.

La garde! en ce cas faisons la paix, plus de dispute.

MANON GIROUX.

Oui, oui, touche là, t'es pas fière, ma petite Grégoire; tu ne crains pas de t'agonir avec une ancienne connaissance.

TOUS.

AIR : Garde à vous !

C'est le guet ! (*bis.*)
Le voilà qui s'avance ;
Amis, faisons silence,
Plus de bruit indiscret,
C'est le guet ! (*bis.*)
Cette troupe sévère
Bientôt nous ferait taire,
Et sous clef nous mettrait.
Plus de bruit, c'est le guet !

SCÈNE XVI.

LES MÊMES, BELROSE, SOLDATS.

(D'Auberval, d'Esparville et Luquet se retirent à l'écart, derrière les gens du peuple, sur un signe de madame Grégoire.)

MADAME GRÉGOIRE.

Ah ! c'est Belrose.

BELROSE.

Quel silence énigmatique !... Ça ne ressemble pas du tout au tapage qui a frappé l'ouïe de la force armée.

MADAME GRÉGOIRE.

Vous savez bien, monsieur Belrose, qu'on ne fait jamais de bruit chez moi.

BELROSE.

Je sais, je sais qu'il y a dans ce lieu bachique trois chevaliers du quai des Morfondus, qui troublent la tranquillité publique, et la mienne particulière.

MADAME GRÉGOIRE.

Ah ! par exemple... Voyez plutôt tous ces braves gens.

MANON GIROUX.

Sages comme des images.

BELROSE.

Il se peut ; mais dans mon opinion, c'est pas ça... Je dois ici trouver les papillons qui voltigent indirectement près de ma rose... Vous savez bien qui que je veux dire.

MADAME GRÉGOIRE.

Au fait, quand ça serait, que feriez-vous ?

BELROSE.

Je les coffrerais ! c'est le droit de ma prérogative, vu le bacchanal matinal qui a retenti jusqu'aux oreilles du corps-de-garde... Voyons, la petite mère, où sont-ils, les tourreaux, que je les insère dans la cage des humains ?

MADAME GRÉGOIRE.

Où ils sont ? Eh bien ! puisqu'on ne peut rien vous cacher. (prenant Belrose par la main, et lui indiquant la claire-voie.) ils sont là !

BELROSE.

Suffit. Je vous avais bien dit que le champ de bataille me resterait ; on n'est pas pour rien le vainqueur de Mahon... Suivez-moi, guerriers invincibles !

(Il entre avec les soldats ; madame Grégoire ferme brusquement la porte.)

TOUS, riant.

Victoire ! victoire ! nous tenons le guet.

LUQUET.

Ingénieuse héroïne, va !

D'AUBERVAL.

Du vin à tous ces braves gens, c'est moi qui régale ; c'est le financier qui paie.

D'ESPARVILLE.

Oui !... Vive la mauvaise compagnie, c'est la bonne société !

LUQUET, D'AUBERVAL, D'ESPARVILLE.

AIR : Amis, il nous faut faire pause.

Allons, du vin pour tout le monde !
Que l'on remplisse les flacons !
Ensemble nous les viderons,
Pendant que le guet fait sa ronde.
Au bruit du verre il est si doux
De fêter madame Grégoire !
Elle aime à rire, elle aime à boire,
Elle aime à chanter comme nous !

TOUS.

Elle aime à rire, etc.

BELROSE et LA GARDE, reparaissant dans la claire-voie.

Ici nous n'avons vu personne ;
Mais là-bas je les aperçois.
(Essayant d'ouvrir.)
Je vais les coffrer tous les trois.
Eh quoi ! c'est nous qu'on emprisonne !
(Avec colère.)
Qui nous retient sous les verroux ?

MADAME GRÉGOIRE.

Sergent, c'est madame Grégoire.

BELROSE, parlant.

Comment, on ose arrêter la garde !

D'ESPARVILLE, un verre à la main.

A votre santé, habile général !

D'AUBERVAL.

Vainqueur de Mahon !

LUQUET.

Racoleur des Colonies !

BELROSE.

A la garde ! à la garde !

TOUS, chantant et trinquant.

Elle aime à rire, elle aime à boire,
Elle aime à chanter comme nous !

(Pendant ces couplets, Fanchette est restée en observation sur le pas de la porte de la maison ; Belrose frappe à coups redoublés pour sortir. — Tous les personnages rient et boivent sur le théâtre.)

ACTE SECOND.

Le théâtre représente un intérieur de chambre à coucher fort simple. Au fond, un lit à rideaux entièrement fermés et à baldaquin; à gauche, une fenêtre; à côté, une porte donnant sur la rue; à droite, sur un des côtés de la scène, une table avec des lumières dessus, et deux couverts au fond; à côté du lit, une autre porte d'entrée donnant sur la rue; au troisième plan, un cabinet.

SCÈNE I.

Mme GRÉGOIRE, FANCHETTE, portant des assiettes et des plats, et sortant du cabinet.

MADAME GRÉGOIRE, entrant.

Par ici, Fanchette, par ici! Posez tout ça là... Bien. Ah çà! ma fille, vous voilà chez moi... La maison est bonne, tâchez de vous y tenir.

FANCHETTE.

J'espère que madame chera contente... Je ne suis pas si bête ni si maladroite que j'en ai l'air, allez.

MADAME GRÉGOIRE.

Vous allez nous servir à table pendant le souper.

FANCHETTE.

Le souper?... A propos, est-ce que c'est bien vrai que M. d'Auberval il en chera?

MADAME GRÉGOIRE.

M. d'Auberval?

FANCHETTE.

Un si mauvais sujet!

MADAME GRÉGOIRE.

Vous le connaissez?

FANCHETTE.

Je l'ai vu quelquefois chez mam'zelle Dubois, où mon homme et moi nous faisions des commissions... Figurez-vous, madame, qu'elle est folle de lui, la pauvre demoiselle... Eh bien! cha ne l'empêche pas, che beau monsieur là, d'en conter à toutes les femmes; et si vous ne prenez pas garde à vous...

MADAME GRÉGOIRE.

Oh! je ne le crains pas! Mais, dites-moi, vous avez fait là-dedans tous nos petits préparatifs?

FANCHETTE.

Oui, madame.

MADAME GRÉGOIRE.

Vous n'avez rien oublié?

FANCHETTE.

Non, madame, rien... Ah! si, pourtant... (Prenant une petite boîte sur une chaise à droite.) J'ai oublié de vous remettre une boîte qu'on a apportée tout-à-l'heure pour vous.

MADAME GRÉGOIRE.

Une boîte! De quelle part?

FANCHETTE.

Oh! je chais pas... Mais v'là une lettre qui était avec.

MADAME GRÉGOIRE.

Donnez... (Ouvrant la lettre.) Qui peut m'écrire à une pareille heure?... (Avec émotion.) Mademoiselle Dubois!...

FANCHETTE.

Bah! c'est mam'zelle Dubois?

MADAME GRÉGOIRE, après avoir parcouru la lettre.

C'est singulier!... Qui a pu l'instruire?... Je n'ai pourtant parlé de mon projet à personne... N'importe! cela vaudra mieux. Il y a sans doute là-dessous quelque chose de plaisant, et ça nous amusera. Voyons cette boîte. (Elle l'ouvre.) C'est bien cela... rien n'y manque, et je remplirai fidèlement ses intentions... Fanchette, mettez ces objets avec les autres... vous rapporterez le tout au dessert.

FANCHETTE.

Cha suffit, madame.

MADAME GRÉGOIRE.

Attendez, attendez, je vais arranger tout ça avec vous. Je crains quelque maladresse...

(Elle rentre dans le cabinet à droite. — En ce moment, Belrose ouvre la fenêtre à gauche, et se fait voir.)

SCÈNE II.

BELROSE, seul.

Personne ne m'a vu... j'ai endossé le manteau de Muraille, je me suis métamorphosé en Lézard, et ne pouvant m'insinuer dans la place par la porte, je m'y glisse par la fenêtre, comme le vainqueur de Mahon... Ah! Grégoire, ma mignonne, vous vous moquez du sergent du guet, vous l'enfermez dans l'exercice de ses fonctions... Patience! je vous mettrai peut-être à mon tour dans les fers de l'hyménée. D'abord, je vais tellement la compromettre, que je la forcerai bien... d'autant plus que maintenant je suis sûr qu'elle n'est pas mariée... Oh! oh! oh! qu'aperceVois-je? une table et deux couverts illuminés!... Est-ce que je serais compromis moi-même? (Il s'approche de la table.) Ceci m'a tout l'air d'un festin équivoque... V'là déjà la colère qui me dévore... ça me prend à la gorge... je sens là comme des charbons ardents... avec ça que j'ai bu tantôt onze petits verres de rhum pour me rafraîchir! Je suis hors de moi! Cabaretière fallacieuse et multiface!

Tyrolienne de Guillaume Tell.

Quel est l'oiseau qui suit tes pas?
Ah! ah! ah! ah!

Je l' f'rai chanter plus bas.
S'rin ou corbeau,
A mon gluau,
Oh! oh! oh! oh!
J' pinc'rai l'oiseau.
Pigeon rebelle,
Près d' ma tourterelle
Si tu bats d' l'aile,
On te la coupera...
Ah! ah! ah! ah!
Vilain oiseau...
Oh! oh! oh! oh!
On t'en donn'ra...
Ah! ah! ah! ah!

Quel est l'oiseau, etc.

J'ai des éblouissements d'indignation! ça me donne des vertiges!... Ah! si je tenais n'importe qui!...

SCÈNE III.

BELROSE; LUQUET, entrant aussi par la fenêtre.

LUQUET, une bouteille sous chaque bras.

M'y voici! (Il descend dans la chambre.) La fenêtre ouverte... une échelle... Bon! je suis en bonne fortune... c'est comme dans les romans... Ah! voilà bien une autre histoire... Comment se trouve-t-il là?

BELROSE, le voyant aussi.

(Chantant.)

Quel est l'oiseau qui suit tes pas?...

Encore ce petit Luquet!

LUQUET monte et descend le théâtre en fredonnant.

Ta, ta, ta, tra la, tra la...

(A part.) Toujours et partout ce Belrose!

BELROSE, à part.

C't' enfant-là me donne des envies de taper dessus, qui fait frémir! Soyons prudent, et de la douceur... (Haut.) Je ne soupçonnais pas, monsieur, que le tiers-état se permît de grimper les échelles à l'heure qui sonne?

LUQUET, embarrassé.

C'est vrai qu'on pourrait croire, et pourtant... (A part.) Mon Dieu! mon Dieu! que j'ai c't' homme-là en horreur!

BELROSE.

Est-ce encore pour apporter de la verroterie que vous vous introduisez ici fructivement?

LUQUET.

C'est ça même... Vous voyez bien, deux échantillons de Bordeaux: c'est ce qu'on nomme les longs bouchons.

BELROSE, prenant les deux bouteilles.

Verrier, vous ne devez débiter que des bouteilles vides, et celles-là sont pleines!

LUQUET.

Bah! vous croyez?... Alors c'est une erreur.

BELROSE, débouchant une bouteille et vidant un verre.

Si c'est une erreur, il faut la réparer.

LUQUET.

Eh ben! eh ben! vous buvez mon vin!

BELROSE.

Oui, à votre santé.

LUQUET.

C'est très malhonnête!

BELROSE, après avoir bu.

C'est comme une aune de velours qui vous passe dans le gosier... Écoutez, je trouve que votre présence est superflue et fastidieuse... Allez r'trouver maman.

LUQUET.

Encore comme ce matin?... Sergent, vous êtes bien insupportable!

BELROSE.

La différence, vous, c'est que vous êtes horriblement embêtant!

LUQUET.

Eh ben! pour lors, si vous me laissiez tranquille... je ne vous retiens pas ici, moi.

BELROSE.

Ni moi non plus.

LUQUET, à part.

Un plan!... Rusons à mon tour!... (Haut.) Sergent, savez-vous que j'ai réfléchi à ce que vous m'avez dit sur les Colonies?... J'ai envie de m'engager... je suis tout-à-fait décidé... Allez me chercher le recruteur tout de suite.

BELROSE, avec intention.

Il faut que vous vous y transportiez ensemble avec moi.

LUQUET, à part.

Bon, je le quitterai en chemin, et je reviendrai quand je m'en serai débarrassé. (Haut.) Allons, marchons, mon brave!

BELROSE, ouvrant.

Après vous, jeune verrier. (Luquet sort le premier. — Belrose ferme la porte sur lui.) Excusez si je ne vous reconduis pas. Y'a trois marches... prenez la rampe.

LUQUET, frappant.

Sergent! sergent!

BELROSE.

Il fait du train, on va venir! il faut me cacher... sous cette table... Pas possible... je ne tiendrai pas, je suis trop bel homme!... Ah! là-bas, près de la porte, v'là c' qu'il me faut.

(Il se dirige d'un pas chancelant vers le lit, et disparaît dans la ruelle.)

SCÈNE IV.

Mme GRÉGOIRE; puis LUQUET, frappant en dehors.

MADAME GRÉGOIRE.

On a frappé, je crois... (Elle ouvre.) C'est vous, monsieur Luquet?

LUQUET.

Eh quoi! il n'y est plus... il sera sorti par là.

(Indiquant la fenêtre.)

MADAME GRÉGOIRE.

Soyez le bien venu.

LUQUET.

Dieu! comme mon cœur bat!

MADAME GRÉGOIRE.

Qu'est-ce que vous avez?

LUQUET.

Deux couverts!... Oh! la, la, la, le tic-tac!

MADAME GRÉGOIRE.

Est-ce que vous ne m'avez pas demandé de souper en tête-à-tête avec moi?

LUQUET.

Si fait, si fait... Mais, voyez-vous, c'est la première fois que je me trouve aussi tard avec une personne du sexe : ça me fait un drôle d'effet! Imaginez-vous que j'ai joué un tour à maman ; elle me croit dans mon lit depuis deux heures; mais pas si bête... J'ai gagné la servante, en lui faisant cadeau d'une paire de jarretières, et elle m'a ouvert la porte quand tout le monde a été couché... Dieu! si maman savait où je suis!

MADAME GRÉGOIRE.

Elle vous mettrait en pénitence?

LUQUET, timidement.

Oh! oh! madame Grégoire!

MADAME GRÉGOIRE.

Eh bien! qu'avez-vous donc?

LUQUET.

Rien... c'est quand je vous regarde... brr! brr!... mais ça va se passer.

MADAME GRÉGOIRE, à part.

Pauvre innocent!... il n'est pas à craindre, celui-là.

AIR : Lisez-vous bien?

Allons, n'ayez pas peur.
Pourquoi cette frayeur?
(A part.)
Mon Dieu! qu'il a l'air bête!
(Haut)
Quoi! vous tremblez déjà?

LUQUET.

On est toujours comm' ça
Au premier tête-à-tête.

MADAME GRÉGOIRE.

Approchez...

LUQUET.

Non.
J'en perdrai la raison.
(A part.)
Mais un peu de courage...
(Il s'avance.)
Prenons sa main,
Ça va m' mettre en bon ch'min
Pour mon apprentissage.

(Il lui prend la main. — Madame Grégoire le regarde. — Il la quitte aussitôt.)

ENSEMBLE.

LUQUET.

Il me semble que j'ai moins peur
Allons, plus de frayeur
J' dois avoir l'air si bête!
Quelqu' chose me dit là
Qu'il n' faut pas êtr' comm' ça
Quand on s' trouv' tête à tête.

MADAME GRÉGOIRE.

Allons, etc.
Il n' faut pas êtr' comm' ça
Quand on s' trouv' tête à tête.

LUQUET.

Ma foi, tant pire, je me lance; je vous aime au superlatif; vous êtes d'une part, moi je je suis de l'autre... Enfin je ne sais plus ce que je dis ; mais pour mieux me faire comprendre, je vais vous embrasser.

MADAME GRÉGOIRE.

Par exemple! je voudrais bien voir ça!

LUQUET.

Eh bien! vous le verrez.

Même air.

Je veux vous embrasser.
Ma peur vient de cesser...
Je me sens intrépide!

MADAME GRÉGOIRE, à part.

Vraiment, j'ai peur de lui,
Moi qui d'abord ai ri
D' son air gauche et timide.

LUQUET.

Un baiser?

MADAME GRÉGOIRE.

Non,
Pour ma réputation,
Je n' veux pas qu'on le prenne.

LUQUET.

Moi, justement,
J'y tiens en ce moment,
Pour établir la mienne.

(Il lui dérobe un baiser.)

Attrape!

MADAME GRÉGOIRE.

(Parlé.) Eh bien! monsieur.

ENSEMBLE.

LUQUET, triomphant.

Je viens de l'embrasser,
Et vais recommencer...
Je me sens intrépide!
De ma peur elle a ri;
Mais maintenant, ici,
C'est moi qui l'intimide.

MADAME GRÉGOIRE.

Il ose m'embrasser,
Et peut recommencer;
Car il est intrépide.
Vraiment, j'ai peur de lui,
Moi qui d'abord ai ri
D' son air gauche et timide.

(Luquet veut encore l'embrasser. — On frappe.)

MADAME GRÉGOIRE.

Entrez!... (A part.) C'est bien heureux!

LUQUET, à part.

Comme c'est bête!... ça commençait si bien!

SCÈNE V.

Les Mêmes, D'ESPARVILLE, puis FANCHETTE.

D'ESPARVILLE, sans voir Luquet.

AIR : Me voilà !

Me voilà ! (*ter*.)
Joyeux convive,
Ici j'arrive...
Me voilà ! (*ter*.)
Voyons si tout est prêt déjà.

(Il regarde la table.)

LUQUET, à part.

C'est bien agréable ! voilà mon tête-à-tête flambé.

D'ESPARVILLE, l'apercevant.

Tiens ! c'est le petit verrier !... Qu'est-ce qu'il vient donc faire ici ?

MADAME GRÉGOIRE.

Il vient souper avec nous.

D'ESPARVILLE, bas.

Avec nous !... Vous m'aviez dit que nous ne serions que deux.

MADAME GRÉGOIRE.

Eh bien ! nous serons trois. (Appelant.) Fanchette ! un couvert de plus !

FANCHETTE, entrant.

Me v'là, madame. (A part.) Ce n'est pas encore d'Auberval.

D'ESPARVILLE.

Diable ! diable !... ça ne m'arrange guère, ce trio-là.

LUQUET.

Il bisque, le gros ; et moi aussi.

D'ESPARVILLE.

Savez-vous, madame Grégoire, que j'ai refusé pour vous un souper délicieux, chez Beaujon, le fermier-général ?

MADAME GRÉGOIRE.

C'est bien gentil de votre part.

D'ESPARVILLE.

Nous nous réunissons comme cela une fois par semaine ; tous noms célèbres : Cagliostro, le baron d'Holbach, la petite Guimard, Adrienne Lecouvreur, M. de Bièvre, M. de la Palisse...

LUQUET, l'interrompant.

M. de la Palisse ?... M. de la Palisse est mort.

D'ESPARVILLE.

Ce n'est pas celui-là !... Enfin tout ce qu'il y a de mieux ; l'Encyclopédie et le vin de Tokai ; le génie et la finance ; des philosophes vertueux et des danseuses de l'Opéra.

MADAME GRÉGOIRE.

Comment ! vous avez laissé tout ce monde-là pour moi ?

D'ESPARVILLE.

Tenez, d'Auberval était là quand j'ai fait dire à Beaujon qu'il ne m'aurait pas.

MADAME GRÉGOIRE.

Est-ce que vous avez vu M. d'Auberval, ce soir ?

D'ESPARVILLE.

Il n'y a qu'un moment, dans les coulisses de l'Opéra... Il était d'assez mauvaise humeur, pour je ne sais quel pas qu'on voulait lui faire danser malgré lui.

MADAME GRÉGOIRE, à part.

Quelle contrariété ! il ne pourra pas venir.

D'ESPARVILLE.

Mais je crois qu'il est temps de dire deux mots au souper. (A part.) J'espère que ce petit nigaud décampera au dessert.

LUQUET.

Je me flatte que ce gros glouton disparaîtra quand il n'y aura plus rien à manger.

D'ESPARVILLE.

Allons, allons, à table ! (Ils vont pour s'asseoir, on entend frapper.) Qu'est-ce que c'est que ça ?

LUQUET.

Si c'était maman !

MADAME GRÉGOIRE.

Entrez.

LUQUET, sans regarder.

Est-ce maman ?

SCÈNE VI.

Les Mêmes ; D'AUBERVAL, enveloppé d'un manteau.

D'AUBERVAL, entrant.

Je n'entends plus rien ; j'ai cru qu'on me poursuivait.

MADAME GRÉGOIRE, à part.

Ah ! c'est lui.

LUQUET, regardant d'Auberval.

Tiens !

D'ESPARVILLE, même jeu.

Tiens !

D'AUBERVAL.

Tiens !... pourquoi donc êtes-vous ici, vous autres ?

TOUS DEUX.

Pour souper.

D'AUBERVAL.

Vrai !... Et moi aussi.

D'ESPARVILLE.

Comment, encore un ?

MADAME GRÉGOIRE.

C'est une surprise agréable que je vous ménageais.

D'ESPARVILLE.

Ah ! c'est une surprise.

MADAME GRÉGOIRE.

Sans doute : une femme en l'absence d'un mari peut bien profiter des privilèges d'une veuve ; mais pour sa réputation, elle ne doit donner des rendez-vous qu'en présence de témoins.

D'ESPARVILLE, aux autres.

Un mari... je n'ai jamais connu Grégoire, moi.

D'AUBERVAL.

Ni moi.

LUQUET.

Ni moi aussi.

D'AUBERVAL, à part.

Elle se moque d'eux, c'est sûr. (Haut.) Enchanté de la rencontre, mon cher financier.

D'ESPARVILLE.

C'est moi qui suis ravi, transporté... (A part.) Que le diable l'emporte!

LUQUET, saluant ridiculement.

Et moi donc, messieurs! c'est un honneur, un bonheur... (Il leur serre la main.) Voulez-vous bien me permettre... (A part.) S'ils avaient pu se casser le cou en montant.

D'ESPARVILLE.

Ah çà! d'Auberval, vous êtes donc sorcier; je viens de vous laisser en Triton...

D'AUBERVAL.

Eh parbleu! j'y suis bien encore.

(Il jette son manteau et paraît vêtu en Triton.)

LUQUET.

Oh! le beau poisson!... On parle de poisson, j'espère qu'en voilà un beau poisson.

D'AUBERVAL.

Jeune homme, respect au fleuve Scamandre.

MADAME GRÉGOIRE.

Messieurs, vous êtes servis!

(On se met à table.)

CHOEUR.

AIR : Vive l'Italie.

Mes amis, vive la table!
Grace au banquet délectable,
Du bon vin que l'on y sable,
La beauté devient traitable.
Vive la table!

D'AUBERVAL.

Figurez-vous que ces animaux-là voulaient me faire danser de force un pas ajouté au ballet *des Élémens*. J'avais beau leur dire que j'avais ce soir des affaires de famille, pas moyen, ils ne voulaient pas me lâcher, c'est ce qui fait que je n'ai pas eu le temps de changer de costume.

D'ESPARVILLE.

Voilà une escapade qui pourrait bien vous mener au fort l'Évêque.

D'AUBERVAL.

Diable! je n'y avais pas pensé. A boire. Peste! une dinde de Périgord.

D'ESPARVILLE.

Bravo! (A part.) On me gêne dans mes amours; eh bien! je me vengerai sur la dinde, je vais la dévorer!

LUQUET, à part.

Il me vient une idée : puisque je ne peux pas faire de phrases à ma bien-aimée, je lui donnerai de petits coups de pied par dessous la table: ça la flattera infiniment.

(Tout le monde s'est assis. — Fanchette, debout près de la table, est occupée à servir. — D'Auberval découpe.)

D'AUBERVAL, remettant à Fanchette une assiette servie.

La fille, portez ça à M. d'Esp... (Il s'interrompt tout-à-coup en la regardant.) Tiens! c'est singulier.

MADAME GRÉGOIRE.

Qu'avez-vous donc?

D'AUBERVAL.

Oh! rien... rien... Mais il me semble... Je cherche à me rappeler...

FANCHETTE.

Ah chà! quoiqu'il a donc à me regarder comme cha... che beau monsieur, avecque chez écailles?

MADAME GRÉGOIRE.

Fanchette...

FANCHETTE.

Ah! c'hest que j'aime pas qu'on me reluque comme une bête curieuse... Entendez-vous cha, mochieux Triton?

D'AUBERVAL, à lui-même.

Oh! mais c'est inconcevable, et si ce n'était cet accent... (Portant vivement la main sous la table.) Aïe! prenez donc garde, d'Esparville, vous me donnez des coups de pied dans les jambes.

(Luquet baisse la tête sur son assiette, et dévore.)

D'ESPARVILLE.

Moi? je mange. (Faisant un mouvement sur sa chaise.) Oh! la! la!... pas de mauvaises plaisanteries. D'Auberval, vous m'estropiez à votre tour.

LUQUET, à demi-voix, à madame Grégoire.

C'est moi, c'est moi.

D'ESPARVILLE.

Comment, c'est vous?

LUQUET.

Non, non... c'est une erreur... Je voulais dire... (A part.) Il paraît que je me suis trompé d'adresse.

FANCHETTE.

Madame, est-ce le moment pour ce que vous m'avez demandé?

MADAME GRÉGOIRE.

Oui.

(Fanchette entre dans le cabinet.)

TOUS.

Quoi donc? quoi donc?

MADAME GRÉGOIRE.

Messieurs, vous ne pouvez vous figurer combien je suis contente de vous voir réunis ici tous les trois; mais ce n'est pas là le seul plaisir que je vous réserve, et vous ne vous doutez pas que vous êtes tous venus ici pour une bonne action.

D'AUBERVAL, à part.

Par exemple! je m'attendais bien à venir ici pour quelque chose, mais pas pour ça.

(Luquet se met à rire ridiculement.)

MADAME GRÉGOIRE.

Je m'intéresse beaucoup à une pauvre femme (avec intention, et regardant d'Esparville), dont le mari est très mauvais sujet.

D'AUBERVAL.

Attrape !

MADAME GRÉGOIRE.

Et j'ai pensé que vous voudriez bien m'aider à lui être utile. (Montrant Fanchette, qui rentre en tenant à la main une roue de loterie, et une boite de l'autre.) Voici une loterie où tous les numéros gagnent. J'ai divisé par lots quelques bagatelles, dont je destine le produit à ma protégée... C'est à vous, messieurs, de faire le reste.

LUQUET.

J'en suis ! j'en suis !

D'AUBERVAL et D'ESPARVILLE.

Nous en sommes !

LUQUET, à part.

Quel bonheur ! j'aurai quelque chose d'elle. (Mettant de l'argent sur la table.) Voilà deux écus de six livres (à part.), que maman m'a donnés pour acheter un parapluie.

D'ESPARVILLE, ouvrant sa bourse.

Tenez, tenez, voilà de l'or ; je n'ai jamais de monnaie blanche, moi.

D'AUBERVAL.

Diable ! j'ai laissé ma bourse dans mon habit de ville...

LUQUET.

Il est à sec, le fleuve Scamandre.

D'AUBERVAL.

Dites donc, financier, mettez pour moi, je vous rendrai ça quand je serai en bourgeois et en fonds.

MADAME GRÉGOIRE.

Voyons, messieurs, qui est-ce qui commence ?

LUQUET, se levant.

Moi ! moi ! j'ai la main heureuse.

AIR : Change-moi, Brama.

Tournez, tournez donc ;
L' bonheur est au fond,
Je le parie.

MADAME GRÉGOIRE.

Vous saurez bientôt
Gagner à cette loterie
Le meilleur lot !

LUQUET.

Numéro 9.

MADAME GRÉGOIRE, lui donnant un petit livre.

Voilà ce qui vous r'vient.

LUQUET.

Un livre ! qu'est-ce qu'il contient ?
(Il l'ouvre et lit.)
« Le novice en amour. »

D'ESPARVILLE et D'AUBERVAL.

Ah ! le bon tour !

LUQUET.

C'est un conte moral.

MADAME GRÉGOIRE.

Qui n' vous convient pas mal.

D'AUBERVAL et D'ESPARVILLE, riant à part.

A-t-il l'air courroucé !

LUQUET, à part.

Je suis vexé !

ENSEMBLE.

D'ESPARVILLE, reprenant.

Tournez, tournez donc,
Moi le second ;
J'ai l'espérance
Que ma main aura
Sans doute une meilleure chance
A ce jeu-là.

MADAME GRÉGOIRE.

Tournons, tournons donc,
Vous le second ;
J'ai l'espérance
Que votre main aura
Sans doute une meilleure chance
A ce jeu-là.

D'ESPARVILLE.

Numéro 13.

MADAME GRÉGOIRE.

C'est un portrait.

D'ESPARVILLE.

Vraiment ?
(A part.)
Le sien apparemment.
Ah ! quel présent
Charmant
Pour un amant !
(Il regarde le portrait.)
Mais que vois-je ? grand dieux !
Ma femme ! c'est affreux !
Le tour est déplacé.

LUQUET, à part.

Second vexé !...

D'ESPARVILLE, en colère.

(Parlé.) Ma femme en loterie ! Madame Grégoire, je vous somme de m'expliquer...

ENSEMBLE.

MADAME GRÉGOIRE et D'AUBERVAL.

Tournons, tournons donc,
Qu'un heureux don
Enfin nous vienne ;
Votr' main choisira,
Et gagnera
Mieux que la sienne
A ce jeu-là.

Tournez, tournez donc,
Qu'un heureux don
Enfin me vienne ;
Ma main choisira
Et gagnera
Mieux que la sienne
A ce jeu-là.

D'AUBERVAL.

Numéro 11.

MADAME GRÉGOIRE.

C'est un beau souvenir
Hâtez-vous de l'ouvrir.

D'AUBERVAL, l'ouvrant.

Quoi! l'extrait
D'un arrêt
Du Châtelet?

D'ESPARVILLE, lisant par-dessus son épaule.

« A l'actrice Dubois
« D'Auberval, dans un mois,
« De s'unir est forcé. »

LUQUET.

C'est l' plus vexé!

MADAME GRÉGOIRE.

Messieurs, si vous voulez continuer, il y a encore beaucoup de choses à gagner...

TOUS TROIS.

Merci!

REPRISE.

C'est une leçon
Qui nous confond.
Ah! je le jure,
On s'en souviendra;
Mais nul de nous de l'aventure
Ne parlera.

FANCHETTE et MADAME GRÉGOIRE.

C'est une leçon
Qui les confond.
Ah! je le jure,
On s'en souviendra,
Et nul d'entre eux de l'aventure
Ne parlera.

MADAME GRÉGOIRE, prenant l'argent.

Tenez, Fanchette, vous remettrez cela de notre part à la femme du falot.

(Elle le lui donne.)

FANCHETTE.

Bien obligé, messieurs.

(Elle sort précipitamment, en riant aux éclats, par la porte qui conduit au-dehors.)

D'AUBERVAL, la regardant sortir.

Serais-je mystifié?

LUQUET.

Ah çà! madame Grégoire...

D'ESPARVILLE.

Qui vous a remis ce portrait?

(En ce moment on frappe très fort à la porte du fond.)

UNE VOIX, en dehors.

Ouvrez, au nom du roi!

MADAME GRÉGOIRE.

Silence!

Air: Entendez-vous?

Entendez-vous? (*bis.*)
C'est la garde qui veut qu'on ouvre.

TOUS.

Si dans ces lieux on nous découvre,
Le danger nous menace tous.

LE CAPORAL, en dehors.

Ouvrez!

D'ESPARVILLE.

Gardez-vous-en bien!... Quel scandale pour la finance! Et ma femme!...

LUQUET.

Et maman!

D'AUBERVAL.

Et le For-l'Évêque!

MADAME GRÉGOIRE.

Encore un trait de Belrose... Mon Dieu! mon Dieu! que faire?... Ah!

(Montrant son lit.)

Suite de l'air.

Tenez, ici l'on ne vous verra pas.
(A part.)
En cacher un ce serait bien coupable;
Mais quelque chose ici me dit tout bas:
En cacher trois ce n'est que charitable.

(On frappe de nouveau.)

TOUS.

Entendez-vous? (*bis.*)
C'est toujours la garde qui frappe.
Quel malheur si l'on nous attrape!
Ah! bien vite ici cachons-nous!

(Ils passent tous les trois derrière le lit.)

MADAME GRÉGOIRE, au caporal, qui frappe toujours.

Un instant! on y va. (Regardant du côté du lit.) Bien, je puis ouvrir maintenant.

(Elle ouvre la porte.)

SCÈNE VII.

LES MÊMES, cachés; Mme GRÉGOIRE, LE CAPORAL, SOLDATS DU GUET.

MADAME GRÉGOIRE, à part, avec crainte.

Ce n'est pas Belrose!... Tenons-nous bien.

LE CAPORAL, en entrant.

Que diable! la petite mère, vous faites bien des cérémonies. Ah! j'étais sûr que je vous y prendrais... Une table, un souper, et des lumières à une heure indue; vous êtes en flagrant délire!

MADAME GRÉGOIRE.

Par exemple! est-ce que je ne suis pas libre de souper chez moi à toute heure?

LE CAPORAL.

Et d'y recevoir du monde, pas vrai, malgré les réglements?

MADAME GRÉGOIRE.

Vous voyez bien que je suis seule.

LE CAPORAL.

Vous êtes seule, et vous êtes quatre couverts!

MADAME GRÉGOIRE.

Je soupais... avec mes servantes.

LE CAPORAL.

C'est bon! c'est bon! je ferai mon rapport au sergent Belrose, qui m'a chargé d'avoir l'œil sur vous.

MADAME GRÉGOIRE, avec impatience.

Allez vous promener!... je vous répète qu'il n'y a personne ici... d'ailleurs, regardez-y vous-même. (Elle ouvre la porte du cabinet.) Entrez, entrez.

LE CAPORAL.

Plus souvent! pour me faire coffrer comme le sergent, à ce matin; je vais seulement insinuer un coup d'œil dans le cabinet. Vous autres, gardez scrupuleusement les issues. (Il regarde dans le cabinet, dont madame Grégoire a ouvert la porte.) Pas le moindre individu.

MADAME GRÉGOIRE.

Quand je vous le disais...

LE CAPORAL.

Pour lors, 'il faut filer. (Regardant la table.) Mais c'est égal, vous mangez toujours de fameuses dindes avec vos servantes... (Aux soldats.) Demi-tour à droite, et allons manger nos pommes de terre. (Au moment où ils veulent sortir, on entend un ronflement très fort qui part du lit.) Oh! oh! minute, écoutez.

(Nouveau ronflement.)

MADAME GRÉGOIRE, à part.

Ah! mon Dieu!

LE CAPORAL, rentrant.

Ah! c'est comme ça qu'il n'y a personne ici!

(Il se dirige vers le lit, ouvre le rideau, et laisse voir Belrose dans l'attitude d'un homme réveillé en sursaut. — D'Esparville, au fond, dans la ruelle. — D'Auberval, dessous, laisse voir sa tête; — et Luquet paraît au-dessus du lit, sur le baldaquin. — Tableau.)

LE CAPORAL.

Quatre coupables!

CHOEUR GÉNÉRAL.

AIR : Je vous rends votre parole (FAUSSE AGNÈS).

Ah! grand Dieu! que de scandale!
Cette aventure fatale
Aux médisans nous signale!
Nous voilà surpris
Et pris!

SCÈNE VIII.

LES MÊMES, GARÇONS, SERVANTES, VOISINS, VOISINES, tenant des flambeaux, et entrant par les deux portes.

REPRISE DU CHOEUR.

Ah! grand Dieu! que de scandale!
Cette aventure fatale
Aux médisans la signale!
Les voilà surpris
Et pris!

(Pendant ce chœur, Belrose et d'Esparville, d'Auberval et Luquet, ont quitté l'endroit où ils étaient cachés, et ont redescendu la scène.)

LE CAPORAL, sa main à son chapeau.

C'est le sergent!

MADAME GRÉGOIRE.

Vous ici, monsieur Belrose?... Quelle audace!

BELROSE.

Je m'étais endormi sans le vouloir et sans le savoir.

MADAME GRÉGOIRE.

Je ne vous aurais jamais cru capable...

BELROSE.

Ni vous non plus, madame Grégoire... Mais il va t'y avoir une explication...

D'ESPARVILLE, à part.

O ma femme!

LUQUET, même jeu.

O maman!

D'AUBERVAL, même jeu.

O le For-l'Évêque!

BELROSE.

Maintenant pourrait-on savoir ce qu'est venu faire ici ce trio nocturne?

MADAME GRÉGOIRE.

Eh! mon Dieu! c'est tout bonnement la suite d'un acte de bienfaisance.

BELROSE.

Laissez donc! la finance, la verrerie et la mythologie, c'est de l'amphybologie. D'abord, pourquoi ce fleuve a-t-il quitté son lit?

MADAME GRÉGOIRE.

Rien de plus simple, et je vais vous dire...

SCÈNE IX.

LES MÊMES; LE FALOT, avec sa lanterne; il est à moitié gris.

LE FALOT, en entrant.

Place! place! place! où est-elle, c'te brave dame, pour que je la contemple pour la remercier...

BELROSE.

Que nous veut cet ivrogne, avec son lampion?

LE FALOT.

Ah! madame Grégoire, quel trait magnifique! Les v'là, ces jaunets que vous m'avez envoyés pour ma pauvre femme.... je lui... donnerai tout, excepté ce... que je boirai.

MADAME GRÉGOIRE.

Qui t'a donc remis c't' argent?

LE FALOT.

Eh bien! la personne que v'là!

SCÈNE X.

LES MÊMES; Mlle DUBOIS, en grande toilette.

MADAME GRÉGOIRE.

Que vois-je? Fanchette!

D'AUBERVAL.

Mademoiselle Dubois!

TOUS.

Mademoiselle Dubois!

LUQUET, vivement.

La Dubois, l'actrice?

MADEMOISELLE DUBOIS.

Oui, messieurs, elle-même, qui, sous l'habit de Fanchette, était bien aise de surveiller M. d'Auberval, contre lequel elle a obtenu sentence. Je vous félicite tous les trois du bonheur que vous avez à la loterie.

D'ESPARVILLE.

Ah! tout s'éclaircit! On s'est moqué de nous.

LUQUET.

Ça me fait cet effet-là.

MADEMOISELLE DUBOIS.

J'espère que madame Grégoire voudra bien me pardonner de m'être introduite chez elle.

MADAME GRÉGOIRE.

J'en suis d'autant plus contente, que vous avez été témoin de tout ce qui s'est passé.

D'ESPARVILLE.

Vous avez beau dire, madame Grégoire, votre situation est très délicate.

MADAME GRÉGOIRE, vivement.

Comment, monsieur ?...

D'ESPARVILLE.

Nous, c'est bien; mais monsieur, là-bas, qui ne dit rien ?...

(Il montre Belrose.)

LUQUET.

Oui, oui, le roulleur...

D'AUBERVAL.

Qu'est-ce qu'il venait faire ici, à son tour?

MADEMOISELLE DUBOIS, en riant.

Il est vrai que la rencontre est singulière, et difficile à expliquer.

MADAME GRÉGOIRE, à part.

J'en pleurerais de dépit!... Me voilà compromise devant tout le monde.

BELROSE, à part.

Tant mieux! frappons le dernier coup.

MADAME GRÉGOIRE, avec embarras.

Messieurs, je vous assure...

BELROSE.

Madame Grégoire, il n'y a qu'un moyen plausible, c'est de cesser de feindre.

MADAME GRÉGOIRE, à part.

Que veut-il dire ?

BELROSE.

Messieurs, jusqu'à ce jour on m'a cru ce que je ne suis pas, et on ne m'a pas cru ce que je suis!... Si j'ai pénétré dans ce domicile, c'est que j'en ai le droit... La réputation de la cabaretière est intacte! je le soutiens et je le prouve; car je suis son mari.

TOUS.

Son mari!

BELROSE, bas à madame Grégoire.

Si vous le voulez.

MADAME GRÉGOIRE, étonnée, à part.

Ah! par exemple!...

BELROSE, bas à madame Grégoire.

Vous êtes perdue si vous reculez.

MADAME GRÉGOIRE, à part.

Allons!... il le faut; mais il me le paiera. (Haut.) Eh bien! oui, messieurs, (donnant la main à Belrose.) voilà mon mari.

BELROSE.

Grégoire, dit Belrose! (A part.) La triomphe comme le vainqueur de Mahon!

LUQUET.

Mais si vous êtes son mari, pourquoi ne nous l'avez-vous jamais dit?

BELROSE.

Ça, c'est des affaires de ménage qui ne regardent personne. Si vous n'êtes pas encore content, je le suis, moi, et je vous en rendrai raison... quand ça me fera plaisir.

LUQUET.

Ce n'est pas la peine.

MADEMOISELLE DUBOIS, à d'Esparville.

Mon cher financier, le carrosse de madame d'Esparville est en bas.

LUQUET, riant.

Oh! bravo! bravo! la Dubois!

D'ESPARVILLE.

Ma femme est prévenue... Je suis anéanti!

MADEMOISELLE DUBOIS.

Monsieur Luquet, votre maman vous envoie une chaise à porteurs.

LUQUET.

Maman sait tout!... Quelle danse je vais recevoir!

MADEMOISELLE DUBOIS.

Quant à vous, monsieur d'Auberval, vous savez que vous êtes condamné...

D'AUBERVAL, lui baisant la main.

Je n'en appellerai pas! Nous ferons le repas de noce à la *Pomme-de-Pin*.

D'ESPARVILLE.

Bravo! nous en serons tous! Et vous, belle Grégoire, votre nom deviendra célèbre, et, quelque jour peut-être, un nouveau Collé dira de vous :

VAUDEVILLE.

AIR : Le gros Thomas.

« C'était de mon temps
« Que brillait madame Grégoire.
« J'allais, à vingt ans,
« A son cabaret rire et boire.
« Elle attirait les gens
« Par des airs engageants.
« Plus d'un *blondin à taille fine*
« Avait là crédit sur la mine.
« Ah! comme on entrait
« Boire à son cabaret! »

MADAME GRÉGOIRE, au public.

« A la *Pomme-de-Pin*
Venait jadis la cour et la ville.
Changeant de destin,
Ce cabaret se r'trouve au Vaudeville.
Madam' Grégoire aussi
Vient s'établir ici;
A chacun sa porte est ouverte,
A chacun sa table est offerte.
V'nez tous sans appr[illegible]
Boire à son cabaret[illegible]

FIN DE MADAME GRÉGOIRE.

PARIS. — IMPRIMERIE NORMALE DE JULES DIDOT L'AÎNÉ,
[illegible] 4, Boulevard d'Enfer.

www.ingramcontent.com/pod-product-compliance
Lightning Source LLC
LaVergne TN
LVHW052032160826
845678LV00003B/1299

* 9 7 8 2 3 2 9 6 2 4 6 7 9 *